LETTRES

D'E...MÉE. MA...RIE. CL...DE.
DE BO...ON-LA...C..BE,

A ÉL...BETH. AL...INE. DE BO...ON-
LA..C..BE, ſa ſœur,

OU

OURNAL D'UN VOYAGE A PARIS,

EN CHAMPAGNE,

EN LORRAINE,

EN ALSACE,

ET AU CANTON DE BASLE EN SUISSE,

Avec quelques remarques particulières ſur la Ville de Troyes, & le caractère de ſes Habitans.

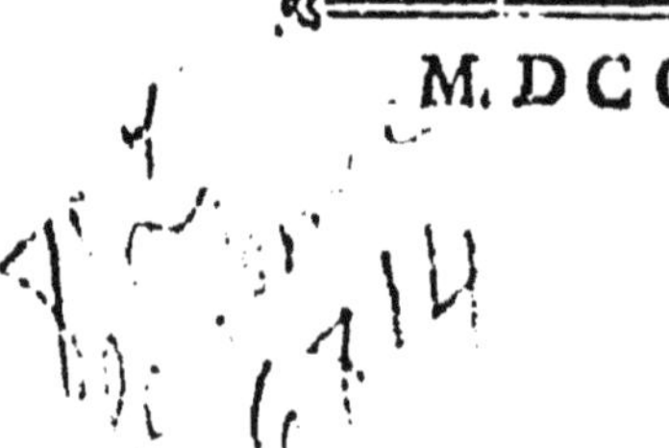

A TROYES,
De l'Imprimerie de la Veuve GOBELET & Fils,
Imprimeur du Roi.

M.DCC.XCI.

LETTRES

D'E.... M.... C... DE B....ON-LA.C.BE,

A E... A.... DE B....ON-LA.C.BE, sa sœur.

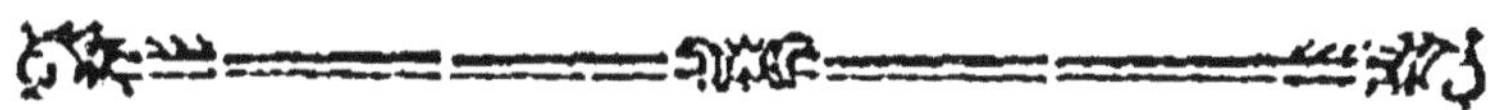

PREMIERE LETTRE.

Paris, ce 14 de Mai 1789.

NON, ma chere sœur, non, on ne gagne rien à brusquer des *adieux* qui nous coûtent. Se séparer pour long-temps sans se prévenir lorsque l'on se chérit, c'est un parti violent qui met la sensibilité à de trop cruelles épreuves sans lui offrir aucune espèce de compensation. Si j'en juge sur-tout par tout ce que j'ai éprouvé en m'éloignant *tacitement* de vous, cette précaution dont nous étions convenues pour adoucir l'amertume de notre séparation, n'a dû servir qu'à déchirer de plus en plus votre cœur. Oh ! combien les alarmes de l'amitié sont trompeuses; si leur foible lueur nous éclaire quelquefois, elle ne sert le plus souvent qu'à nous égarer ! Vous voyez trop bien aujourd'hui l'erreur où nous ont conduites nos savantes combinaisons sur le meilleur parti à prendre au moment où il faudroit nous séparer. Ah ! si nous n'eussions mis l'esprit à la place du cœur, sans doute que nous aurions conclu à une entrevue d'autant plus précieuse au moment de mon départ ; que nous y aurions puisé peut-être, vous la résignation nécessaire pour supporter le calme de la solitude dans laquelle je vous ai laissée, moi toût le courage dont j'avois besoin pour entreprendre un voyage qui m'a déjà placée à une trop grande distance de vous que je chéris plus que moi-même, & que je ne puis espérer de revoir qu'après une longue absence. Le cœur déchiré de regrets, l'esprit absorbé par mille accablantes idées, il me sembloit que vous me reprochiez de m'être trop furtivement dérobée aux témoignages de votre tendresse, & je me reprochois à moi-même de n'avoir pas recueilli dans ce douleureux instant, jusques aux moindres expressions de votre douleur. Ah ! me disé-je, quelle sera la peine de ma chere sœur, lorsqu'elle apprendra que je me suis définitivement éloignée sans la voir, sans l'embrasser : non, elle ne pourra supporter la nouvelle d'un départ qui ne s'offre à mes propres yeux que sous les apparences d'un abandon ! Vingt fois peut-être j'ai été sur le point de proposer à Mde. de Sainville de revenir sur nos pas ; mais retenue par des motifs de délicatesse qui vous eussent dirigée vous-même, si vous vous fussiez trouvée à ma place, j'ai cru que je devois sacrifier au louable empressement que cette respectable amie avoit de rejoindre M. son époux, tout le calme que le plaisir de nous voir encore un instant avant de nous séparer, eût pu apporter à nos cœurs. Mde. de Sainville s'est à peine apperçu de mon trouble, tant elle étoit agitée de son côté par l'espérance d'être dans peu réunie à M. son mari, & par la crainte que le dépérissement de sa santé ne fût encore au-dessus de ses inquiétudes. Nous étions l'une & l'autre dans cette situation pénible lorsque nous arrivâmes à Troyes.

N'attendez pas aujourd'hui, ma chere sœur, les

détails que je vous ai promis fur cette capitale de la Champagne. Mde. de Sainville étoit fi impatiente de continuer fa route ; moi-même j'étois fi épuifée par les agitations de mon cœur , que je n'ai eu ni le temps, ni le courage d'y faire la moindre courfe , de m'y livrer à la plus légère obfervation. Nous en partîmes le lendemain matin mercredi 13, dans une voiture à quatre. Après avoir rafraîchi à Eftiffac & dîné à Villeneuve-l'Archevêque, nous nous acheminâmes vers Sens , où nous arrivâmes fur les 6 heures, avec l'intention d'y prendre le coche-d'eau qui en partoit le lendemain ; mais Mde. de Sainville dont vous connoiffez le courage, adopta fans héfiter un nouveau projet de voyage d'une exécution très-fatigante qu'on lui indiqua , & qui devoit accélérer de 24 heures fon arrivée à Paris. Vers les neuf heures , nous nous juchâmes, ainfi qu'un de nos compagnons de voyage, dans une bruyante & rude carriole attelée de deux chevaux très-vites, qui fans être relayés nous conduifirent au travers des ténébres jufques à Monteraut, où nous arrivâmes à trois heures du matin. Nous nous y embarquâmes auffi-tôt dans le coche-d'eau de Nogent qui y étoit arrivé la veille. Accablée de laffitude & de fommeil, j'ai paffé prefque toute la journée d'aujourd'hui enfevelie dans les flancs de cette énorme machine. C'eft une immenfe barque couverte d'un pont , & dont les diftributions confiftent en une fort grande piece, aux extrêmités de laquelle on a ménagé plufieurs cabinets garnis de bancs & éclairés de lucarnes qui fervent à la fois de paffage à l'air & à la lumiere. Nous y avons été affez commodément, parce que nous ne nous y fommes trouvés qu'un petit nombre de voyageurs.

Mon efprit étoit trop peu libre, mon cœur n'étoit pas affez calme pour jouir du raviffant fpectacle qu'offrent les bords de la Seine , ni pour céder à je ne fais quelles émotions qui faififfent aux approches de Paris, & fur-tout au moment où l'on arrive pour la premiere fois dans cette cité fameufe, fi vantée & fi digne de l'être. Je puis au moins vous dire que fi j'ai éprouvé quelques-unes de ces fenfations dont on prétend que tout étranger paye le tribut à cette ville, par excellence, dès l'inftant qu'il l'aborde, je n'en ai confervé aucune idée affez diftincte pour qu'il me foit poffible de vous en rendre compte. Je puis fur-tout vous affurer que l'on exagère beaucoup trop en province les difficultés du début dans cette capitale. On eft à peine arrivé à l'entrée de ce labyrinthe, qu'un nombre infini de perfonnes viennent s'offrir pour vous y conduire. Ce font autant de guides qui fe contentent d'une légère récompenfe, & dont les renfeignemens font auffi infaillibles que le fil d'Ariadne. Nous avons abordé au Port-Saint-Bernard vers les quatre heures du foir, & nous y avons été auffi-tôt inveftis par une foule de ces hommes officieux, qui nous ont facilité, avec une merveilleufe adreffe, le débarquement de nos perfonnes & de nos effets. Je pourrois prefque vous dire, pour terminer l'éloge de cette claffe d'hommes fi intéreffans pour un étranger, que leur empreffement à nous procurer une voiture, & à nous fauver des embarras du premier moment, nous a été auffi utile dans ce dédale, que le fût autrefois dans celui de Créte à l'entreprenant Théfée, l'amour de la fille de Minos.

Ce n'eft qu'au bout d'une heure que nous fommes parvenus au logement que M. de Sainville nous avoit fait préparer à l'hôtel de ***. Mde. de Sainville n'a fait qu'un faut de la voiture à l'appartement de M. fon époux; mais quelle a été fa furprife, quelle a été fa peine, quelle a été fa joie, lorfqu'on lui a dit qu'il étoit à la promenade. Je ne l'ai pas perdue un inftant de vue, je l'ai fuivie dans tous fes mouvemens rapides. Quoiqu'elle ne m'ait adreſſé que fort peu la parole ; j'ai deviné ſans peine qu'il ſe paſſoit une eſpèce de combat au fond de ſon cœur, & que vivement émue en ſe voyant fruſtrée du plaiſir d'embraſſer ſon cher époux au moment où elle l'avoit compté, elle étoit encore plus ſenſible à l'eſpoir que ſembloit lui donner ſon abſence, de le trouver en meilleur état.

Il me ſeroit bien difficile, ma chere ſœur, de vous rendre l'étonnement & la joie de M. de Sain-ville qui, ne nous attendant que demain, n'eſt ren-tré que ſur les huit heures. La réunion de ces deux époux ſi dignes l'un de l'autre m'a offert la ſcène la plus attendriſſante, dont ſans doute je puiſſe être témoin dans tout le cours de ma vie, jamais elle ne s'effacera de mon ſouvenir.

Nos cœurs pouvoient à peine ſuffire à tous les ſentimens délicieux qui les rempliſſoient, lorſque M. de Volſanges eſt arrivé fort à propos pour nous ſoulager de cette eſpèce d'oppreſſion. Vous devez vous ſouvenir que M. de Sainville nous a ſouvent parlé de cet ancien ami & des excellentes qualités de ſon cœur. Il me paroît en effet un homme fort aimable, ainſi que M. ſon fils que l'on dit doué tout-à-la-fois des plus rares talens & d'une gayeté auſſi aimable que peu commune. Ces MM. nous ont annoncé le chevalier de Cha-mont, de l'ordre de Malthe, avec lequel ils vi-vent dans l'union la plus intime.

Telles ſont, ma chere ſœur, les circonſtances de notre arrivée à Paris, tels ſont les événemens de notre voyage, dont nous avons fait une bonne moitié par eau. Je n'aurai à vous décrire ni des tempêtes, ni des naufrages, car notre navigation a été très-heureuſe. Je ſuis un peu revenue des préventions que l'on m'avoit inſpirées contre la voiture par eau. C'eſt peut-être parce qu'elle étoit nouvelle pour moi, qu'elle m'a intéreſſée à tel point , que peu s'en faut que je ne fois auffi glorieufe de ma navigation fur la Seine que d'un voyage d'*outremer*.

Je ne le fuis guere moins d'une petite obfervation qui m'a remife fur la voie des premieres leçons d'aftronomie, & dont je fuis redevable au befoin des diftractions, & au defir de contempler le beau pays qu'arrofe la Seine, qui m'ont fait monter fur le tillac, où j'ai paffé un affez long efpace de temps. J'ai été fort étonnée d'abord en croyant voir notre barque immobile au milieu de l'eau, tandis que les objets placés fur le rivage, & le rivage lui-même , me fembloient cheminer & s'enfuir. Je n'ai pas tardé à reconnoître que c'étoit par une erreur de mes fens que je voyois le contraire de ce qui étoit en effet, & je me fuis fort bien rappellée que l'on s'étoit fervi de cette apparence trompeufe pour me faire comprendre comment le mouvement du foleil qui nous paroiffoit fi réel autour de notre globe, n'étoit en effet qu'un mouvement apparent. Mais comme il n'eft guère d'expérience qui ne coûte à celui qu'elle inftruit, j'ai payé fort finguliérement les frais de la mienne. Tous les objets qui s'offrent à mes yeux depuis que je fuis débarquée, me paroiffent fe mouvoir à la manière de ceux que j'ai fi long-temps contemplé fur le rivage. M. de Sainville qui m'affure que ce fruit de mon expérience fe diffipera au bout de 3 ou 4 jours , me dit fort plaifamment que c'eft payer bien peu la gloire d'avoir élevé mon efprit jufques à la fublimité des fyftêmes du monde , & que je dois me trouver bien dédommagée par l'efpérance d'être placée quelque jour entre Ptolomée & Copernic. Vous favez, ma chere fœur, que je me prête de bonne grace à la plaifanterie ; mais, fur toutes chofes, vous devez favoir que je n'ambitionnerai jamais d'autre place que celle où je

pourrai vous prouver le plus efficacement ma tendre amitié.

DEUXIEME LETTRE.

Paris, ce Lundi 18 de Mai 1789.

QUE vous dirai-je de Paris, ma chere sœur,
de cet amas confus de maisons, de palais, d'é-
difices, qui par leur prodigieuse élévation & leur
démesurée étendue, ne se présentent encore à mes
yeux que sous une forme ou une apparence gigan-
tesque ? Que vous dirai-je de ce nombre infini de
rues, de quais, de places publiques, qui par l'affluence d'un peuple innombrable qui s'y agite sans
cesse, & par le bruit assourdissant de plusieurs mil-
liers de voitures qui y roulent nuit & jour, con-
trastent si parfaitement avec le silence & la solitude de nos campagnes ? Que vous dirai-je enfin
de cet assemblage bizarre d'objets en tous genres,
d'individus de toutes especes ? Mon esprit en est
confondu à tel point, que souvent je me crois plon-
gée dans l'erreur d'un songe, & que quelquefois
j'ai la folie de douter si mes yeux ne se seroient
pas transformés tout-à-coup en microscopes & en
multiplians. Mon étonnement & mon embarras au
milieu de ce monde nouveau, sont pour M. de
Sainville, & sur-tout pour M. de Volsanges, un
sujet inépuisable de plaisanterie, ou pour mieux dire, ils sont pour ces Messieurs des occasions de di-
vertissement dont ils profitent. Si M. de Volsanges
est fidele à la parole qu'il nous a donné de venir à
M***, je le conduirai dans nos magnifiques campagnes, où je compte bien prendre ma revanche,
& lui rendre surprise pour surprise, en soulevant
à ses yeux le voile qui lui a caché peut-être jus-

qu'à ce jour les beautés de la nature. Je puis même
ajouter que je lui dois cette revanche à double titre, car il m'a offert très-obligeamment de me faire
connoître les merveilles de Paris.

Nous avons débuté Vendredi par celle du Palais-
Royal. C'est un lieu enchanté qui réunit chaque
jour l'élite des Parisiens de l'un & de l'autre sexe,
& qui sert *de rendez-vous* à tout ce qui se trouve
d'étrangers dans cette Capitale. Il offre dans son
milieu une promenade délicieuse, plantée de beaucoup de rangs d'arbres , & entourée de bâtimens
magnifiques. Ces bâtimens sont habités principalement sous les arcades par des marchands dont les
boutiques & les magasins sont pourvus de marchandises si élégantes & si précieuses, arrangées &
étalées avec tant d'art, qu'elles charment la vue,
séduisent les curieux , & déterminent infaillible-
ment les acheteurs. Deux salles de spectacles cons-
truites dans l'enceinte de ce palais , y augmentent
nécessairement l'affluence. Les cafés de Foi & du
Cavot, y sont dit-on très-fréquentés. On prétend
que jamais ils ne désemplissent d'orateurs, de nar-
rateurs , de politiques , au tour desquels la foule
s'empresse avec une ardeur que l'on ne sauroit
rendre.

Il n'entre pas dans mes projets, ma chere sœur,
de vous parler en détail des beautés de Paris. On
en trouve par-tout des descriptions, & je n'ai pas
une connoissance assez parfaite des arts, pour en décrire les chefs-d'œuvres répandus en grand nombre dans cette capitale. Par mon journal auquel vous
avez bien voulu m'inviter , je ne puis avoir d'autre objet que celui d'entretenir une correspondance
suivie avec vous , & de vous parler chaque jour de
mon amitié. Mes lettres ne vous offriront de plus
qu'un détail très-succint du genre de vie que nous
suivons ici , & une simple nomenclature des objets
& des lieux que j'aurai vus & visités. C'est ainsi

que je vous parlerai de la place des Victoires, où l'on voit la belle statue pédestre de Louis XIV. Je vous en dirai autant de la hâle au bled, dont on admire sur-tout la charpente d'une invention merveilleuse & fort récente. Je vous dirai encore que ce même jour Vendredi, M. de Volsanges me conduisit au Palais-Royal, dans un magasin de confiance, ainsi nommé du juste prix apposé sur chacun du grand nombre des objets qui y sont en vente. C'est là sur-tout qu'il n'y a point à marchander. Je vis ce même soir, & dans ce même Palais-Royal, les figures de *Curtius*, inventeur d'un art qui fera, je crois, le désespoir de la peinture. On y montre représentés en cire une infinité de princes, de grands personnages, dont on a si parfaitement saisi les traits, la carnation, & dont la représentation est d'une vérité si frappante, que si je puis ainsi parler, l'on croit les voir en corps & en ame. Je ne puis vous donner une idée plus juste de ces figures, qu'en vous disant qu'elles ne diffèrent en rien du buste de notre chere cousine que vous avez vu dans un bocal. Dites, je vous prie, à cette aimable cousine en l'embrassant pour moi, que j'aurois joui bien davantage, si j'avois trouvé son buste parmi les figures que j'ai admirées chez Curtius ; mais que l'admiration qu'eut excité en moi la copie, fut toujours restée fort au-dessous de l'amitié que je ressens pour l'original.

Je puis vous donner, ma chere sœur, des nouvelles de M. de *Valcour*, dont nous reçûmes Samedi la visite au moment où je partois avec M. de Volsanges, pour aller au spectacle de *Nicolet* sur le Boulvard du Temple. Nous concertâmes avec lui un voyage à Versailles, où nous avons été hier Dimanche, en partie quarrée, Monsieur & Madame de Sainville, M. de Valcour & moi. La route jusqu'à Sevres est très-intéressante ; elle est bordée de grands arbres, & l'on y jouit de la belle persipective qu'offrent les beaux châteaux de Meudon, de Bellevue & de Saint-Cloud Le reste de la route tracée dans une gorge très-étroite, m'a semblé peu digne de servir de communication de la plus célébre vi le du monde, à la cour la plus brillante de l'Europe. Le pont de *Sèvres*, construit en bois, m'a paru mériter sur-tout ce reproche. Pour revenir de ma surprise de rencontrer un pont de cette espece sur la route la plus fréquentée de l'univers, il n'a fallu rien moins que l'assurance que m'a donné M. de Sainville, que c'étoit par prudence qu'on laissoit subsister ce pont que l'on pourroit couper facilement dans le cas d'une insurrection contre la cour de la part du peuple de Paris. Le village de Sèvres, d'une longueur fatigante, n'a de remarquable que sa manufacture de porcelaine, dont le bâtiment m'a paru magnifique.

Nous arrivâmes à Versailles vers les dix heures, & nous mîmes pied à terre chez un neveu de M. de Volsanges, logé au grand commun. C'est ainsi que se nomme un hôtel destiné au logement des officiers du Roi. Il est si vaste qu'il est habité par près de quatre mille personnes. Combien de villes de province qui se comptent pour quelque chose & qui n'ont pas un pareil nombre d'habitans ! Nous montâmes au château, où nous entendîmes la messe du Roi, chantée en musique. Le Monarque y étoit accompagné des deux Princes ses freres. Il arriva à la chapelle au bruit des tambours & des fifres des cent Suisses. Je ne crois pas que l'on puisse voir ni entendre quelque chose de plus frappant & de plus majestueux : j'en fus émue jusqu'au fond de l'ame. Nous entendîmes cette messe dans une travée, d'où nous sortîmes avant qu'elle ne finit, pour nous mettre à portée de voir le Roi de plus près, en nous plaçant sur son passage. Nous vîmes un instant après la Reine allant à la messe avec Madame & Mde. Elisabeth. A la vue de cette auguste princesse d'une raille fort élevée , & qui réunit à un grand air de majeſté les graces les plus touchantes, je me ſentis délicieuſement agitée de ces ſentimens d'amour & de reſpect qui ſe font ſi vivement ſentir à de véritables cœurs françois.

Après nous être arrêtés quelques inſtans dans le ſallon d'Hercule, revêtu en marbre, l'une des plus belle pieces du château, & dont le plafond repréſente l'apothéoſe de ce demi-dieu, nous traverſâmes un grand nombre d'appartemens preſque tous ornés de tableaux précieux , & à l'extrêmité deſquels nous nous trouvâmes dans cette gallerie ſi fameuſe & ſi connue, & qui paſſe pour le plus beau morceau de l'Europe en ce genre. Les connoiſſeurs prétendent que rien n'eſt au-deſſus des peintures allégoriques du plafond : pour moi je fus ſi bien enthouſiaſmée de ce magnifique enſemble, qu'il me fût impoſſible de m'arrêter ſur les beautés de détail.

Je ne fus pas peu ſurpriſe en même temps de n'appercevoir que fort peu de femmes au milieu de ce grand nombre d'hommes de tous rangs & de tout âge, qui alloient & venoient dans cette gallerie , & parmi leſquels il y avoit beaucoup de députés aux Etats-Généraux. Cette remarque n'avoit point échappé à M. de Sainville, qui a long-temps habité Verſailles, où il n'avoit jamais vu une telle diſproportion dans le mêlange ordinaire des deux ſexes; ce qui lui rappelloit, diſoit-il, ces temps à demi-barbares , où les femmes ne paroiſſoient que rarement à la cour de nos rois. J'ignore ſi ce fut par pure galanterie qu'il me parla de l'heureuſe influence de notre ſexe dans beaucoup de grands événemens , & des ſiniſtres preſſentimens qu'il concevoit en le voyant éloigné d'un lieu où l'on méditoit une grande révolution ; mais ce que je ſais très-bien, c'eſt que depuis ſes réflexions, je ne ſuis guère moins alarmée du déficit, ſi j'oſe m'exprimer ainſi , de notre ſexe à la cour, que de celui du tréſor royal.

Je dois vous dire, ma chere ſœur, que j'ai long-temps contemplé le beau tableau dans lequel la célèbre Mde. Lebrun a peint la reine environnée de ſes enfans. Ce tableau unit, dit-on , au mérite d'une belle ordonnance & d'une ſavante compoſi-tion , celui d'une fraîcheur de coloris extrème-ment rare. Pour moi peu verſée dans l'intelligence de l'art , & qui n'ai conſidéré ce tableau qu'avec les yeux d'une bonne françoiſe qui chérit juſques à l'image de ſes ſouverains, je puis vous aſſurer que de tous les morceaux de peintures que j'ai vus, c'eſt celui qui m'a frappé le plus agréablement, & qui m'a véritablement fait le plus de plaiſir. A de tels ſentimens, ma chere ſœur, ſans doute que vous reconnoîtrez votre ſang !

Nous vîmes auſſi ſonner cette pendule ſi curieu-ſe & ſi renommée pour ſon admirable méchaniſ-me. A toutes les heures deux coqs y chantent & battent des ailes : deux perſonnages frappent les heures avec leurs maſſues ; on voit s'ouvrir une niche d'où ſort la victoire qui s'avance & couron-ne la ſtatue de Louis XIV. Convenez , ma chere ſœur , que mon étonnement à la vue du jeu de cette merveilleuſe machine, étoit beaucoup mieux fondé que celui de cet Empereur Chinois qui fit placer une ſentinelle auprès d'une pendule ordi-naire qu'on lui avoit envoyée d'Europe , pour s'aſſurer ſi elle marquoit les heures toute ſeule.

Nous paſsâmes quelques temps dans l'œil-de-bœuf, grande piece à lambris dorés , ainſi nom-mée de la forme de l'une des croiſées dont elle re-çoit le jour. M. de Sainville m'apprit que cette antichambre de l'appartement du Monarque étoit peuplée en tout temps, de courtiſans, d'intrigans, de ſolliciteurs qui s'y tiennent à poſte fixe pour ſai-ſir au paſſage les miniſtres qui entrent & qui ſorrent de chez le Roi. Nous vîmes manger à leur grand couvert, le Roi & la Reine dont nous avions visité les appartemens, ainsi que Mesdames Adélaïde & Victoire, tantes du Roi. Vous savez que ce sont des repas d'étiquette, qui ont pour objet, de la part de la famille royale, de se montrer à tout venant une fois par semaine. En allant visiter l'orangerie, nous apperçûmes M. le Duc de Normandie sur la terrasse de son appartement. La gouvernante de ce prince eut l'honnêteté de le faire placer de manière à nous mettre à même de le voir de plus près.

Nous parcourûmes les jardins, dont nous prîmes la position la plus avantageuse pour jouir de la belle façade du château. Pour vous peindre la beauté de ce coup-d'œil, il me faudroit une pièce de comparaison, que sans doute j'aurois bien de la peine de trouver en Europe. On vante beaucoup les magnifiques avenues de Paris, de Sceaux & de St. Cloud, qui aboutissent au château du côté des Cours. Elles m'ont paru en effet offrir un superbe point de vue.

Après avoir dîné à la place Dauphine, nous nous rendîmes au petit Trianon, bâti par Louis XV, & embelli par la Reine actuelle qui en a fait un lieu de délices. Cette maison consiste en un pavillon quarré, dont les appartemens meublés avec élégance sont ornés des plus précieuses peintures. Mais c'est principalement dans les jardins anglois que l'on jouit de toute l'illusion, de tous les prestiges de la féerie. Que vous dirai-je donc, ma chere sœur, de ces jardins qui me parurent au-dessus des plus ingénieuses fictions, & où tout me sembloit tenir de l'enchantement. En visitant le hameau, le pavillon chinois, le temple de l'amour, & plusieurs autres objets de ce genre qui embellissent ces jardins, je me crus transportée dans les lieux fortunés de Cytere, d'Amatonte & de Paphos. Un nombre infini de grottes tapissées de mousse & de verdure, arrosées par des sources dont les eaux limpides coulent avec un doux murmure, me rappellerent tout le charme qui retint le fils d'Ulysse dans la grotte de Calypso.

Les jardins anglois sont plantés de 800 espèces d'arbres, parmi lesquels on me fit remarquer un cèdre. Je jugeai à la hauteur médiocre de sa tige, que cet arbre dont les voyageurs nous parlent d'une manière si conforme au langage de l'écriture, ne retrouvoit pas dans les jardins de Trianon les sucs vigoureux du Mont-Liban.

Nous passâmes au grand Trianon. Ce château est un des plus beaux monumens de la magnificence de Louis XIV. Les appartemens ont, je ne sais quoi, de grand que l'on retrouve à peine, même à Versailles. Je n'ai pu considérer le péristile & la forme majestueuse de ce château, dont les murs sont revêtus de marbre, sans éprouver une sorte d'extase.

Parmi les morceaux de sculpture qui ornent ses magnifiques jardins, on ne peut se lasser d'admirer le grouppe de Laocoon dévoré avec ses deux fils par deux horribles serpens qui se replient autour de leurs corps d'une manière qui fait frissonner. Je vous proteste que j'ai ressenti toute la douleur que l'artiste a si savamment exprimé sur tous les muscles de ce prêtre de Neptune & de ceux de ses enfans.

Je ne vous parlerai pas de l'étendue de Versailles que nous n'eûmes pas le temps de parcourir; mais je ne crains pas de vous assurer que la grandeur & la régularité de ses rues, toutes tirées au cordeau, le grand nombre de ses superbes hôtels; la beauté de ses maisons à cinq & six étages, & couvertes en ardoise; & enfin sa population de près de cent mille ames, élèvent ce séjour de nos rois

au rang des plus belles & des plus puissantes villes
du Royaume.

Nous quittâmes Versailles avec le regret d'y
laisser beaucoup de belles choses à voir , & nous
nous rendîmes à St. Cloud , dont nous visitâmes
le château reconstruit presque à neuf par la Reine
actuelle qui en a fait l'acquisition du Duc d'Orléans.
La gallerie & le sallon de Mars qui la précède,
forment un tout d'une grande beauté. Les appartemens du Roi & de la Reine n'ont nulle part rien
de pareil pour la richesse, la fraîcheur & l'élégance de l'ameublement. Au total, le château de St.
Cloud embelli d'un parc magnifique, situé entre Paris & Versailles sur les bords de la Seine , passe à
bon droit aujourd'hui pour une des plus belles &
des plus agréables maisons royales. Ce lieu , vous
le savez, est malheureusement célèbre par la mort
du Roi Henri III, assassiné par Jacques Clément.
Nous n'eûmes pas le temps de visiter dans l'église
paroissiale , la colonne de granit que l'on dit servir
de mausolée au cœur de ce prince.

Au pied du château & sur le bord de la riviere,
est un fort beau cours où des marchands étalent en
tout temps , dans un grand nombre de loges, des
marchandises de toutes les espèces. C'est un petit
palais royal très-fréquenté des Parisiens , dont le
concours à Saint-Cloud est prodigieux , les jours
que l'on y fait jouer les eaux.

Nous descendîmes au village de Boulogne pour
y saluer M. & Mde. de Germont, dont nous fûmes
accueillis avec cette politesse non simulée que vous
leur connoissez, & qui fût pour nous-même un
témoignagne certain & bien flatteur que notre arrivée leur causoit une agréable surprise. Nous nous
ménageâmes Mlle. de Germont & moi quelques
instans d'entretien qui se passèrent avec beaucoup
d'amabilité de sa part , & beaucoup de plaisir de
la mienne. Elle me conduisit dans un coin du ja-

din qu'elle a deſtiné à la culture des fleurs. Je fus émerveillée de la régularité des compartimens, de l'ordre & de la belle tenue de cet agréable parterre ; mais je ne fus pas plus ſurpriſe que vous ne l'euſſiez été vous-même, en voyant mille charmantes fleurs ſi heureuſement proſpérer ſous ſa main, car vous ſavez qu'elles naiſſent ſous ſes pas.

Preſſés par le déclin du jour, nous nous acheminâmes vers Paris, par le bois de Boulogne, le château de la Muette & le beau village de Paſſy, dont je ne pourrois vous dire que fort peu de choſe, ne les ayant apperçu qu'au travers du crépuſcule. C'eſt ainſi, ma chere ſœur, que s'eſt paſſée la journée d'hier, dont vous voyez que nous avons aſſez bien rempli tous les inſtans. Nous avons conſacré au repos une partie de celle-ci que nous avons terminée par le ſpectacle des variétés, où nous avons vu jouer le Sculpteur, la Rivalle d'elle-même & le Revenant. J'ai trouvé ce ſpectacle charmant : il m'a ſi bien intéreſſée que j'y ai ri de bon cœur & pleuré tout de bon.

Voilà des détails, ma chere ſœur, qui m'acquittent je crois de mes engagemens ; mais en même temps ne dois-je pas craindre que la plus grande partie ne vous en paroiſſe inutile. J'aurois ſupprimé de ma lettre tout ce qu'elle renferme de minutieux, ſi le récit des moindres circonſtances de mon ſéjour dans ce pays, ne faiſoit partie des conditions obligeantes que vous avez exigé de moi. De mon côté je n'oublie pas celles que vous avez bien voulu recevoir de ma part ; je me croirai donc bien fondée à prendre votre ſilence pour une infraction à notre traité, ſi je ne reçois inceſſamment vos lettres. Vous ſerez traduite au tribunal de M. & de Madame de Sainville qui vous embraſſent bien tendrement ; mais qui vous feront d'autant plus ſévères, qu'ils voyent mon inquiétude, & qu'ils ſont tout auſſi impatiens que moi d'ap-

prendre de vos nouvelles. A dieu, je vous embraſ-
ſe, & ſans rancune, car il n'y aura jamais rien qui
puiſſe altérer mon amitié que je vous réitère avec
un plaiſir toujours nouveau.

TROISIEME LETTRE.

*Paris, ce Jeudi 24 de Mai 1789, jour
de l'Aſcenſion.*

SI je vous ai bien exprimé, ma chere ſœur,
combien j'étois inquiete de votre ſilence, vous
croirez facilement au plaiſir que m'a fait votre
lettre. La nouvelle de votre bon état étoit bien
néceſſaire à mon repos; mon cœur ſerré par l'inquiétude ne ſe ſent bien à l'aiſe que depuis l'inſtant,
que vous me l'avez appriſe. M. & Mde. de Sainville ont pris part à ma joie, avec la même ſincé-
rité dont ils avoient partagé ma peine. Je ne pourrai vous exprimer que bien foiblement les bontés
qu'ils me témoignent, & le tendre attachement
qu'ils ont pour vous. Ils étoient tour auſſi bien per-
ſuadés que moi, qu'au moyen de l'emploi bien
entendu de votre temps, vous viendriez à bout de
vous préſerver de l'ennui qui vous attendoit dans
votre retraite, c'eſt le propre des bons eſprits de
s'accommoder comme vous l'avez ſi courageuſe-
ment fait au temps & aux circonſtances. Je ſais
d'ailleurs que l'enceinte d'un cloître offre beaucoup
plus de jouiſſances qu'on ne le penſe communément, lorſque l'on ſait ſur-tout apprécier comme
vous, la ſociété aimable des perſonnes de mérite
parmi leſquelles vous vivez.

L'intérêt que vous prenez à mon journal, ma
chere ſœur, devient pour moi un puiſſant motif
d'encouragement; c'eſt même le ſeul qui puiſſe me

déterminer à le continuer. Pour éviter toute espèce de lacune, il faut nécessairement vous dire que mardi 19 , nous avons été à *Fontaine-aux-Roses*. Ce village , situé à deux lieues de Paris, dans le voisinage du château de Sceaux, sert aujourd'hui de retraite au célèbre médecin P***, qui s'y est comme environné de la grande réputation qu'il s'est acquise en Europe. En considérant *Fontaine-aux-Roses* par le grand nombre de malades qui y accourent de tous côtés pour visiter le docteur, & implorer les secours de son art , j'ai trouvé qu'il ressembloit assez bien à ces lieux devenus fameux par les vertus de quelques saints personnages , & le concours des pélerins. M. de Sainville, constamment souffrant , s'étoit enfin laissé persuader par ses amis, d'aller consulter cet oracle de la médecine. Nous avions pour compagnon de voyage M. de *Valcour* , inépuisable en complaisance & en bons offices , lorsqu'il s'agit sur-tout de donner à M. de Sainville des marques de son amitié. Comme il étoit important d'arriver avant l'heure de midi , passé laquelle l'oracle ne rend plus de réponse, & que nous étions partis un peu tard , notre marche fut très-rapide. Vous pensez bien qu'il faut passer par quelque préalable avant d'être admis en la présence du dieu ; ce ne fut qu'au bout d'une grande demie-heure que nous fûmes introduits dans le sanctuaire.

Pendant tout cet intervalle, l'un des menus officiers du temple nous entretint fort au long des talens surnaturels & des cures merveilleuses opérées par le nouvel hypocrate. Il est si peu de personnes qui ne sachent à quoi s'en tenir sur la valeur de cet spécieux étalage , que je suis toujours surprise qu'au lieu de ces foibles moyens d'inspirer la confiance, les vrais médecins n'ayent pas adopté celui plus glorieux & plus infaillible , d'exiger de chacun des malades qu'ils auroient ou

guéris ou foulagés, un tableau où l'on verroit re-
préfentés la nature de leur maladie, leur traite-
ment & leur guérifon. Ces efpèces d'*ex-voto* répandus dans la maifon d'un médecin, en feroient,
je crois, le plus utile & le plus bel ornement. J'é-
tois toute à ces réflexions qui vous paroîtront
peut-être bizarres, lorfqu'on vint nous avertir
que M. P*** étoit prêt à nous donner audience.

Je fus enchantée de la bonne mine de ce fep-
tuagénaire, de fes manières pleines d'affabilité &
de je ne fais quel air de bonhommie & de can-
deur dont fa phyfionomie portoit la précieufe em-
preinte. Tout refpiroit autour de lui, dans fes
meubles comme fur fa perfonne, la plus touchante
fimplicité. Il écouta avec beaucoup d'attention M.
de Sainville, qui toujours incrédule & prévenu,
fembloit n'expofer qu'à regret fa maladie, par la
crainte de rendre un trop grand hommage à ce
qu'il appelle depuis long-temps l'art menfonger
de la médecine. Je voyois fort bien que le malade
manquoit de foi, & je le blâmois en fecret de ce
que j'appellois à mon tour excès de défiance. Mais
que vous dirais-je ? lorfque pour prononcer fur l'é-
tat & la caufe de la maladie, & en indiquer les
moyens curatifs, je vis balbutier l'homme que
je m'attendois à entendre parler tout au moins
comme un demi-dieu, alors, je vous l'avoue, je
me rangeai du parti de M. de Sainville, je devins
tout-à-coup incrédule comme lui, & peut-être le
ferai-je long-temps au même degré. Le dieu en fi-
niffant de bégayer fur la maladie, s'approcha de moi
pour m'adreffer quelques complimens très-hon-
nêtes qu'il articula parfaitement bien, & auxquels
je répondis de mon mieux. Quant à M. de Sainville peu fatisfait de fon pélérinage, & renonçant
fans doute pour toujours à Epidaure & à fon fer-
pent, il fe hâta de préfenter fon offrande au dieu
lui-même, qui l'accueillit avec des fignes non

équivoques de satisfaction , & nous partîmes aussi-
tôt pour aller visiter le château de Sceaux appartenant au Duc de Penthièvres.

Des statues de marbre décorent de tous les côtés cette magnifique maison bâtie par le célèbre
Colbert. Ses jardins sont délicieux : la cascade , la
piece d'eau , le labyrinthe , le parterre , l'orangerie , &c. tout y retrace la grandeur de Louis XIV ,
qui acquit ce lieu pour le Duc du Maine son fils.
La Duchesse du Maine , petite fille du grand
Condé , y recueillit les sciences & les arts , & en
fit ainsi un temple consacré aux Muses. Les appartemens enrichis des plus rares peintures , m'offri-
rent, je ne sais quoi d'auguste, en rappellant à mon
souvenir qu'ils avoient été habités par les Fonte-
nelle, les Tourreil , les Valincourt , les Chaulieu ,
les Malezieux , l'ingénieuse Mde. de Staal , l'aimable vieillard St. Aulaire , & par plusieurs autres personnes de mérite qui ornoient la cour de
l'auguste princesse.

Après avoir dîné dans le beau village de Sceaux
habité pendant la belle saison par une infinité do
gens riches de Paris qui y ont des maisons charmantes , nous nous trouvâmes tous en si belle hu-
meur ambulante, que nous résolûmes d'aller visiter
les châteaux de Meudon dont nous étions séparés
par une distance de trois lieux , & par un grand
nombre de vallons profonds dont les chemins se
trouverent si peu praticables en certains endroits ,
que nous fûmes obligés plusieurs fois de descendre
de voiture.

Meudon est bâti en amphithéâtre sur le pen-
chant rapide de la montagne , au sommet de laquelle sont situés deux beaux châteaux. Il seroit
difficile de traverser ce village sans songer au fameux *Rabelais* qui en fut à la fois le pasteur &
le médecin, & dans lequel ce nouveau Protée su-
bit, comme vous savez , sa derniere métamor-

phofe. J'avois bien à cœur d'aller à la recherche des monumens qu'on a du y élever à fa mémoire & de répandre des fleurs fur fa tombe. Il m'en coûta de véritables regrets de ne pouvoir rendre cet hommage aux cendres d'un homme célèbre, qui me paroît avoir bien racheté les défauts qu'on lui reproche, par la délicatelle de fon efprit & l'étendue de fon érudition.

Nous apprîmes des nouvelles très-affligeantes de M. le Dauphin. Ce prince dont on ne parle qu'avec éloge, étoit malade au Château-Neuf où il eft vifité chaque jour par le docteur Petit, plus fenfible dit-on aux faveurs de la fortune que jaloux de célles de la cour, & que l'on affure avoir facrifié des récompenfes ou éloignées ou incertaines, aux dix louis d'or dont il fe fait payer chaque vifite. Meudon eft devenu l'appanage des Dauphins de France, depuis l'acquifition qu'en fît du miniftre Louvois, le grand Dauphin qui y mourut de la petite vérole à l'âge d'à-peu-près cinquante ans. On vante avec raifon la belle terraffe du vieux château fort négligé, & d'où l'œil embraffe cette plaine magnifique du millieu de laquelle on voit s'élever Paris. L'on fait que cette pofition fi heureufe fit dire un jour à Louis XIV qu'il étoit le feul fouverain de l'Europe qui en fe levant appercevoit des fenêtres de fon château un revenu de foixante millions. Ces paroles & quelques autres de cette efpèce ont attiré au monarque de la part de fes jaloux & de fes détracteurs, l'épitète de faftueux. Il n'a été jugé ainfi que par quelques hommes incapables d'apprécier le caractère magnanime de ce prince, & l'élévation de fa grande ame. Les traits de l'envie iront toujours fe brifer contre la gloire qu'a eu ce monarque de donner fon nom à fon fiecle, qui fut celui des grands hommes & des beaux arts, d'élever la nation Françoife au-deffus de toutes les nations connues , & de recevoir enfin de l'aveu de l'Europe, le titre si bien mérité de Louis-le-Grand.

Une superbe avenue nous conduisît au château de Belle-vue, très-peu éloigné de celui de Meudon. Mesdames Tantes du Roi, qui en ont l'usage, y étoient venues passer la journée; le nom de ce château désigne assez la beauté de sa situation. Nous nous plaçâmes sur la terrasse & nous y fûmes comme ravis par le spectacle de ce superbe bassin où l'on voit serpenter la Seine qui , après avoir arrosé Paris que l'on découvre en grande partie, semble ne venir se diviser en deux bras sous le château, que pour ajouter encore à la beauté de cet unique point-de-vue. Cette maison dont les jardins sont magnifiques & les appartemens délicieusement meublés, fut bâtie par le Roi Louis XV pour la marquise de Pompadour. L'amour qui créa cette merveille, ne devoit sans doute employer d'autres mains que celles d'un royal amant, pour offrir un si magnifique don. Nous rentrâmes à Paris par l'Ecole militaire & par l'hôtel des invalides que nous vîmes trop peu, pour ne pas nous réserver en le quittant, de le visiter encore une fois.

Il ne se passe presque pas de jour, ma chere sœur , que nous ne visitions le Palais Royal que l'on pourroit appeller la capitale de Paris , étant un centre de réunion perpétuelle de personnes de tout rang & de tout sexe, & que nous avons nous-mêmes choisi comme point de départ pour toutes les courses que nous faisons dans cette capitale. Après y avoir déjeûné mercredi 20, sous les tentes du café du Caveau, nous avons été visiter à St. Thomas du Louvre , le mausolée du cardinal de Fleury, qui a gouverné la France avec tant de bonheur sous le règne de Louis XV. Nous vous sommes ensuite rendus aux Thuileries , dont le palais & le jardin sont au-dessus de tout ce que je pourrois vous dire de leur agrément & de leur magnificence. Nous revînmes vers le Louvre pour en considérer la belle colomnade ; je vous assure qu'il n'est pas besoin d'être connoisseur pour être frappé à l'aspect de ce chef-d'œuvre d'architecture. Nous traversâmes le Pont-Neuf, d'où nous jouîmes du plus beau coup-d'œil qui soit peut-être au monde en ce genre. Vous vous imaginez bien que nous nous arrêtâmes devant la statue équestre d'Henri IV, & que nous contemplâmes avec délice l'effigie de ce bon prince, de ce chef de la dynastie, des Bourbons sous lesquels nous avons le bonheur de vivre. Après avoir fixé quelques instans nos regards sur l'hôtel de la monnoye & le collège Mazarin ou des quatre nations, nous nous rendîmes à la Métropôle dont le vaisseau est l'un des plus beaux du Royaume, & où nous remarquâmes le mausolée du comte d'Harcourt ; ce mausolée élevé par les soins d'une nouvelle Artémise, est un des plus beaux monumens de l'amour conjugal que l'on connoisse. Le palais nouvellement reconstruit, est digne de servir de siege au premier parlement du Royaume ; nous y entrâmes par le côté de la belle grille, d'où l'on apperçoît ce temple de la justice tout éclatant, si je puis dire ainsi, de majesté & de grandeur. L'antique façade de l'Hôtel-de-ville fut le dernier monument qui fixa nôtre attention dans cette matinée.

Nous nous remîmes en course l'après-midi & nous parcourûmes successivement les boulevards, Montmartre, St. Denis St. Martin & du Temple. Ces boulevards plantés de beaux rangs d'arbres embellis dans toute leur étendue de beaux hôtels & de maisons charmantes, forment une promenade des plus agréables & des plus fréquentées de Paris. Le boulevard du Temple est perpétuellement peuplé de baladins & de bouffons qui s'efforcent à l'envi d'amuser le peuple dont la foule s'empresse autour de leurs traiteaux. Après avoir visité la Place Royale ornée de la statue équestre de Louis XIII nous passâmes à la rue St. Antoine, d'où nous apperçûmes l'effreyante bastille, & nous nous rendîmes par le quai des Célestins & le pont Marie, à Ste. Genevieve pour y saluer M. l'Abbé qui nous conduisît à la nouvelle église, qui ne sera finie que dans cinq ans. S'il est vrai que malgré toute sa magnificence, elle ne pourra être placée qu'au troisieme rang des Basiliques de l'Europe, quelle idée grande & supérieure ne doit-on pas se former de St. Paul de Londres & sur-tout de St. Pierre de Rome. Nous descendîmes dans la rue St. Jacques pour y saluer Mde. de Rédan que nous ne trouvâmes point chez elle, & nous regagnâmes notre logement où nous arrivâmes un peu tard.

Je ne doute pas, ma chere sœur, que la carte topographique de Paris à la main, vous ne nous suiviez dans toutes nos marches ; mais il est bon de vous faire remarquer que nous faisons à pied toutes ces courses, qui dans certains jours équivalent à un voyage de deux & trois lieues. C'est dit-on le seul moyen de bien voir & de bien connoître Paris, & je ne suis pas éloignée de le croire. D'ailleurs, M. de Sainville, quoique très-foible, tient beaucoup à ce genre d'exercice qui fait partie du régime qu'il s'est prescrit depuis long-temps. Vous savez bien que Mde. de Sainville trouve toujours de nouvelles forces, lorsqu'il s'agit de concourir au rétablissement de M. son mari. Pour moi je suis infatigable, on diroit que j'ai des jambes de relai. C'est avec de tels motifs & de pareils moyens que nous suffisons tous les trois à de si longues courses, & qu'en ce genre nous faisons véritablement des prodiges.

La journée d'aujourd'hui s'est également passée en marches & en contre-marches, si je puis ainsi m'exprimer. Nous n'avons quitté le palais royal, où nous avons déjeûné , fuivant notre inviolable coutume, fous les tentes du café du cavot , que pour aller dîner chez Mde. de Laniant , qui nous comble de toutes fortes de bontés depuis notre féjour ici. Elle a voulu être de notre promenade, que nous avons dirigée d'abord vers le Louvre, dont nous defirions admirer de nouveau la magnifique colonnade. Nous nous fommes enfuite rendus par le pont royal & l'hôtel du prince de Salm dont la façade eft fuperbe, au palais Bourbon appartenant au prince de Condé. Vous ne fauriez vous former une idée de l'étendue & de la magnificence de ce palais. Nous y avons fur-tout remarqué la piece où le prince donne fes audiences , & où le bufte du roi de Pruffe fculpté à la maniere de Curtius , nous a fait le plus grand plaifir. La gallerie, ornée du bufte du grand Condé, & décorée de plufieurs tableaux où font repréfentées les victoires remportées par ce prince , eft très-intéreffante à voir. Le nom de Condé qui feul eft un éloge, remue toujours puiffamment mon ame, par la raifon fans doute qu'il remplit auffi-tôt mon imagination de je ne fais combien d'actions éclatantes de valeur & de traits héroïques qui doivent graver au cœur de tout François, pour cette branche de nos Bourbons, la vénération & le refpect. La guerre derniere nous a montré le prince actuel de ce nom , digne d'appartenir à cette maifon fi féconde en héros, & capable en tout de perpétuer la gloire de fes illuftres ancêtres.

Nous fommes parvenus bien-tôt après à l'hôtel royal des Invalides, monument à jamais glorieux de la bienfaifance éclairée de Louis-le-Grand. Je n'ai pas d'expreffion qui puiffe rendre l'admiration mêlée d'étonnement qu'a excité en moi la magnificence du dôme dont les peintures font un chef-d'œuvre immortel de l'école françoife. Nous avons paſſé la Seine dans un bac pour nous rendre aux Champs-Eliſées, promenade dont le charme & l'agrément rappellent autant que ſon nom le ſéjour des ombres fortunées. On nous y a fait remarquer l'ancienne maiſon de M. de Beaujon , ainſi qu'une infinité d'autres maiſons charmantes qui embelliſ-ſent les Champs-Eliſées, dont elles retirent réci-proquement des agrémens à l'infini. Nous nous ſommes rendus par la place de Louis XV, ornée de la ſtatue équeſtre de ce prince , dans le ma-gnifique jardin des Thuileries, où plus de vingt mille ames attirées par la jouiſſance d'un beau jour, prenoient le plaiſir de la promenade ſous l'agréa-ble ombrage de ſes vaſtes & nombreuſes allées. Si je ne me défiois de la foibleſſe de mes crayons, quel plaiſir n'aurai-je pas, ma chere ſœur, à vous peindre les nuances ſi agréablement variées de cet intéreſſant tableau.

Nous avons quitté un inſtant les Thuileries pour aller par le paſſage des Feuillans , dont on m'a fait remarquer le grotte, viſiter la place de Ven-dôme , au milieu de laquelle s'éléve la ſtatue équeſtre de Louis XIV. En rentrant au jardin des Thuileries nous nous ſommes apperçus à regret que le déclin du jour avoit déjà détaché quelque partie du charmant tableau qui perdoit inſenſible-ment de ſon brillant enſemble ; ce qui nous a dé-terminés à nous rendre auſſi-tôt au Palais royal, où nous avons joui de la perſpective d'un nouveau tableau beaucoup plus circonſcrit que le premier, mais infiniment plus riche. Quelque ſoit le plaiſir que j'aye goûté par le ſpectacle de tant d'objets intéreſſants, croyez, ma chere ſœur , que j'en goûte infiniment davantage à vous réitérer toute mon amitié, & à vous en croire bien perſuadée.

QUATRIEME LETTRE.

Paris, ce Lundi 25 de Mai 1789.

NE dois-je pas craindre, ma chere sœur, de vous avoir enfin assourdie du nom du palais royal, que je ne cesse de vous répéter, parce qu'en effet nous ne cessons de visiter ce charmant lieu. Il faut bien que vous me passiez ces répétitions qui tiennent tout-à-la-fois à la fidélité du récit & à celle de mes engagemens. Il est certain que le Palais Royal si fréquenté des Parisiens eux-mêmes, a de puissans attraits pour les étrangers ; les uns & les autres y sont sans cesse ramenés par le charme & la variété du spectacle, par l'agrément & la beauté du local. Pour nous l'un de nos soins les plus empressés de chaque jour, c'est de le visiter dès le matin , & de lui rendre ainsi présqu'à notre réveil une espèce d'hommage ; nous y faisons en son honneur une sorte de libation de plusieurs tasses de chocolat ou de café d'un goût délicieux, & dont les effusions ne peuvent être que fort agréables au dieu tutélaire de ce séjour enchanteur.

Vendredi 22, nous avons voulu essayer du café de Foy, digne rival de celui du Caveau ; c'est-à-dire que nous avons fait comme certains gourmets qui ne voulant pas s'en tenir à un seul vin, changent de temps en temps de bouchon. Nous nous sommes même permis dans ce changement une certaine licence, car nous avons déjeûné non sous la lanterne du café , mais bien dans l'intérieur où les femmes pénètrent rarement, d'après je ne sais quel usage fondé sur je ne sais quelles raisons; tandis que dans tout autre lieu public on y jouit constamment de l'agréable mêlange des deux sexes.

Notre apparition dans un lieu où l'on ne voit communément que des hommes, étoit sinon une nouveauté au moins un événement assez rare qui fixa sur nous les regards surpris de l'Assemblée; nous nous assîmes à l'une des tables de marbre rangées dans le pourtour de cette salle qui est fort vaste, très-propre & ornée comme toutes celles de cette espèce, d'un grand nombre de glaces & de lustres brillans ; on nous y servît aussi-tôt du café au lait dans des vases d'une propreté ravissante. Je puis encore vous dire que dans tous ces lieux on est servi avec une précision & une célérité merveilleuse, vous croiriez que tout s'y opère comme par un coup de baguette.

On adopte ici un café comme on s'attache à une confrairie, de sorte qu'à l'exception de quelques individus qui, comme nous par exemple, ne sont à proprement parler que des oiseaux de passage, le même café réunit à-peu-près chaque jour les mêmes personnes. On m'a assuré que les cafés de Paris si ressemblans par leur régime, différent beaucoup par leur doctrine: il arrive fort souvent dit-on, que ce qui est vrai dans un café, est absolument faux dans le café voisin ; delà vient que l'on juge de l'opinion d'un homme à Paris, par le café dont il est l'habitué ; comme vous savez que l'on jugeoit à Athenes, qu'un citoyen professoit les sentimens d'Aristote ou de Zénon, suivant qu'il fréquentoit le Lycée ou le Portique. Un café enfin, ma chere sœur, dont nous avons tant ouï parler vous & moi, est un lieu où un grand nombre d'hommes s'assemblent tous les jours, pour y prendre toutes sortes de liqueurs, pour y converser sur les affaires du temps & pour y lire les feuilles publiques qui y abondent : les cafés, a dit quelqu'un, sont des manufactures d'esprit tant bonnes que mauvaises.

Nous quittâmes le Palais Royal, Mde. de Sainville pour aller dîner chez Mde. de Laniant, M. de Sainville & moi pour nous mettre en état de nous rendre de bonheur à l'opéra, où M. Devolfanges devoit nous conduire : nous trouvâmes en rentrant chez nous notre cousin le chevalier de Suzan , qui étoit venu nous demander à diné, & avec qui je fus enchantée de faire connoissance ; je vous annonce avec plaisir que cet enfant donne des espérances.

L'opéra est le plus brillant spectacle de Paris , soit par le merveilleux des machines, soit par la magnificence des décorations, soit par l'harmonie de la musique ; tout y fut pour moi charme & prestige : on y joua Aspasie, piéce nouvelle, très-remarquable par ses ballets. Je ne connois pas assez le théâtre pour juger du mérite de cette piéce, je me bornerai à vous dire que mes yeux & mes oreilles ne cesserent d'être dans un état d'enchantement. L'on me fit remarquer entre autres danseurs , Vestris & Gardel, Mlle. Erisber, angloise, Mlle. Laure & Pérignon ; Mlle. Joinville joua le rôle d'Aspasie, ayant pour confidente Mlle. Girardin.

Prenez votre carte, ma chere sœur, & suivez-nous chez Mde. de Rédan , où nous allâmes dîner Samedi 23 ; ce fut pour nous l'occasion de la plus longue course que nous ayons encore fait dans Paris : vous nous voyez , après avoir déjeûné au Palais Royal , descendre la rue Saint-Honoré, pour y visiter la belle église de Saint-Roch, remarquable par la grandeur du vaisseau , par la beauté de la chaire & la célébrité de son sépulchre : vous nous voyez ensuite traverser rapidement les Thuileries & le Pont-Royal, pour nous rendre à Saint-Sulpice, bâtie par le célèbre Languet, l'un des plus dignes pasteurs de cette église, & en remarquer avec attention le portail, les tours & la chapelle de la Vierge admirable par les peintures de son dôme. Ne soyez point surprise en nous voyant ne fixer nos regards que peu d'inftans fur le Palais-Luxembourg, dont l'architecture commence à s'éloigner du goût moderne. Peut-être retournerons-nous quelque jour, rêver à loifir dans fes jardins folitaires que nous avons parcouru un peu à la hâte; nous nous fommes réfervés de même de venir entendre les chef-d'œuvres des Corneille, des Racines, des Voltaires, au théâtre françois, dont nous avons fait le tour, & dont le bâtiment nous a paru trop maffif & trop au-deffous de la forme majeftueufe d'un pareil monument. Nous ne penfâmes pas de même en paffant devant Saint-Côme, ou école de chirurgie, dont le bâtiment eft précédé d'un portique à plufieurs rangs de colonnes du plus brillant effet.

Il étoit déjà deux heures lorfque nous parvînmes dans la rue Saint-Jacques chez Mde. de Rédan qui ainfi que M. fon époux nous charma par fes prévenances & fes politeffes, par l'accueil le plus gracieux & le plus affable. Mde. de Rédan eft à la fois douée de talens agréables & des plus aimables qualités. Après le dîné qu'elle anima d'une gaieté charmante, nous eûmes le plaifir d'entendre les accens mélodieux de fa voix, unis aux fons enchanteurs de la harpe, dont elle pince avec autant de graces que de goût, en quoi elle fut parfaitement bien fecondée par Mlle. fa fœur, jeune & jolie perfonne extrêmement aimable.

Nous profitâmes du voifinage où nous nous trouvions, de l'églife de Sorbonne, pour y vifiter le maufolée du célèbre Cardinal de Richelieu par le fameux Girardon. Vous vous rappellez, ma chere fœur, l'enthoufiafme dont fut faifi le Czar Pierre à la vue de l'effigie de ce grand-homme; vous favez qu'il l'embraffa en s'écriant: *Que n'es-tu encore en vie, je te donnerois la moitié de mon empire, pour que tu m'appriffes à gouverner l'autre!* Nous nous rendîmes au jardin du Roi, & nous

(33)

nous le traversâmes jusques sur le bord de la
Seine que nous pasfâmes dans un batelet vis-à-
vis l'Arfenal dont nous apperçûmes les jardins.
Les tours menaçantes de la Baftille fous laquelle
nous pasfâmes, ramenerent mon efprit fur la bi-
zarrerie & l'inftabilité des chofes de ce monde.
Par quelle fatalité, me difai-je, a-t-on tourné
contre la liberté des citoyens, des murs élevés
d'abord pour leur défenfe ? Ces triftes réflexions
m'occuperent jufques à nôtre logement, où nous
nous rendîmes par les boulevards du Temple, de
Saint-Martin, de Saint-Denis & de Montmartre.

Paris, ma chere fœur, eft une fcène variée de
fpectacles de toutes les efpèces. Celui dont j'ai
joui hier eft bien intéreffant & bien extraordinai-
re. C'eft celui des exercices des enfans aveugles
dont nous avons entendu la meffe rue Notre-Da-
me-des-Victoires. Ils étoient au nombre de 50,
dont 12 filles qui exécuterent pendant la meffe plufieurs morceaux de mufique facrée d'une harmonie parfaite. Nous les avons vus écrire, lire, com-
pofer, imprimer, calculer, indiquer du bout de
leurs doigts, fur des cartes géographiques, un
pays quelconque. Dans tout, leurs doigts leur
tiennent lieu de leurs yeux, fans qu'il leur arrive
jamais de commettre la moindre méprife. Ce qui
vous paroîtra plus étonnant fans doute, c'eft qu'ils
donnent eux-mêmes des leçons de lecture, de géo-
graphie, de grammaire, de calcul, &c. J'en ai
été témoin. Les enfans aveugles travaillent auffi à
différentes fortes d'ouvrage qui demandent beaucoup d'adreffe, même de la part des plus clair-
voyans. Entre autres objets dignes de remarque
fortis de leurs mains, j'ai vu un pupitre d'un mé-
chanifme tout-à-fait merveilleux. M. Hauy, qui
préfide à l'éducation des enfans aveugles, me
femble tout auffi digne de célébrité que l'abbé

C

l'Épée si connu par son talent à instruire les sourds & les muets.

Nous passâmes l'après-dînée à promener sur les boulevards où il y avoit un si grand concours de monde, soit à pied, soit à cheval, soit en voiture, qu'il sembloit que tout Paris s'y étoit donné rendez-vous. M. de Volsanges me fit entrer sur le soir au vauxhall sur le boulevard du Temple. C'est ainsi que l'on nomme un lieu où l'on voit danser des enfans de l'un & de l'autre sexe. La salle de ce spectacle consacré à Terpsycore, est de forme ronde & décorée dans tout son pourtour d'un rang de colonnes entre lesquelles sont des gradins où se placent les spectateurs. Les jardins dans lesquels je vis un jeu de bague étoient illuminés. Les danses & les ballets se terminerent par un brillant feu d'artifice.

Aujourd'hui nous avons passé la matinée au palais royal qui a toujours pour moi de nouveaux charmes. Nous sommes entrés un instant dans la cour du louvre que j'ai trouvé bien majestueuse M. de Volsanges & moi avons terminé la journée par le spectacle des Italiens où l'on a représente l'épreuve villageoise & la barbe bleue dans laquelle la célèbre Mde. Dugazon a joué le rôle de la prétendue de Raoul.

Je crois que nous touchons de bien près au terme de notre séjour ici. Ah ! s'il en étoit de même de celui de notre séparation ! mais je suis encore réduite à ne vous parler que de mes sentimens d'amitié.